VEGAN

UND SCHNELL

von Philipp Nied

Ich bin Philipp, Vegan-Koch und Jungunternehmer. Meine Mission ist es, die vegane Ernährung ein für alle Mal „cool" zu machen und von Vorurteilen zu befreien.

Es feut mich sehr, dass du dich für mein Buch „Vegan und schnell" entschieden hast und bin dir dankbar, dass du so meine Mission und die vegane Ernährung unterstützt.

Du wirst sicherlich viel Spaß beim Nachkochen und höchsten Genuss beim Verspeisen meiner Kreationen erleben. Ich wünsche dir schon mal „Guten Appetit"!

ES WARTET NOCH EINE ÜBERRASCHUNG AUF DICH!

Um dir mehr Inspiration für grandiose Leckerbissen zu garantieren und dich auf deiner veganen Reise bestmöglich zu unterstützen, haben mein Team und ich uns noch etwas ganz Besonderes für dich überlegt. Durch den Kauf dieses Buches schenke ich dir kostenlosen Zugang zu noch mehr fantastischen Rezepten und allen Antworten zu den meistgestellten Fragen zum Thema „vegan werden und durchhalten“. Außerdem bekommst du die Möglichkeit, mir auch individuelle Fragen zu stellen auf die ich persönlich antworte, egal worum es geht. So wird es in deiner Küche garantiert nie langweilig und du bekommst immer wieder neue Inspiration von mir.

SO FUNKTIONIERT'S

Öffne zuerst auf deinem Handy oder Tablet eine App zum Scannen von QR Codes (Falls du keine QR-Code-App hast, kannst du eine beliebige im Appstore / Playstore kostenlos herunterladen).

Halte dein Handy oder Tablet mit der geöffneten App über meinen QR Code und schon hast du Zugang.

Und... schon Hunger?

INHALT

12 ULTIMATIVE TIPPS **ZUM MASSIVEN ZEITSPAREN**

TIPP 1: EINKAUFSLISTE

Benutze eine Einkaufsliste, wenn du einkaufen gehst. Das spart dir neben Zeit auch noch Geld. Dann weißt du ganz genau was du möchtest und kannst dich ganz auf die Dinge konzentrieren, die du wirklich brauchst. Du musst nicht mehr stundenlang durch die ganzen Regale rennen und schauen, was du einkaufen möchtest. Dann hast alles fest im Blick. **Kaufe wirklich nur die Dinge ein die auf deiner Liste stehen, nichts sonst!**

Bonus: Dadurch kaufst du natürlich auch viel weniger von den ungesunden Dingen, die du gar nicht brauchst. Das schont auch noch den Geldbeutel und deine Gesundheit.

TIPP 2: CLEVER EINKAUFEN

Wenn du Zeit sparen möchtest, solltest du **die Rush Hour im Supermarkt meiden.**

Geh' doch mal vor der Arbeit einkaufen. Meistens ist der Supermarkt bis 10 Uhr nicht besonders voll und du kannst im Turbogang einkaufen ohne lange schlange zu stehen. Wenn es in einem Supermarkt anders ist, oder du vor der Arbeit nicht die Möglichkeit hast, schau einfach mal bei der Google nach. Dort steht in der Anzeige deines Supermarktes, wann die meisten Menschen dort sind. Das kannst du für dich nutzen, indem du genau dann gehst, wenn es schön leer ist. Viele Supermärkte haben sogar schon **live Auskünfte bei Google.**

TIPP 3: SCHRÄNKE FÜLLEN

Neben dem richtigen Zeitpunkt im Supermarkt kannst du auch Zeit sparen, indem du weniger oft einkaufen gehen musst. Geh' am besten nur ein- bis zweimal in der Woche einkaufen statt vier- oder fünfmal. **Lege dir Vorräte an.** Besonders die Lebensmittel, die nicht so schnell verderblich sind wie z.b. Hülsenfrüchte, Mehl, Nüsse etc. kannst du super auf Vorrat kaufen. Mit einem Großeinkauf sparst du also Zeit! Und ein Bonus für dich: Wer zu Hause viele Vorräte hat, muss nicht hungern, wenn es mal nicht zum Einkaufen reicht.

TIPP 4: PLANEN

Plane deine Mahlzeiten voraus. Alleine schon einen **Plan für die nächsten zwei bis drei Tage** zu haben kann dir mächtig Zeit sparen. Überlege dir einfach, was du in den nächsten zwei bis drei Tagen essen möchtest, schreib' eine Einkaufsliste für die Zutaten, die du dafür brauchst und kaufe nur die Dinge ein, die auf der Liste stehen. Dein Einkauf ist erledigt, du brauchst nicht mehr darüber nachdenken und du kaufst nicht mehr so viele Dinge, die du eigentlich gar nicht brauchst. Sieg in allen Punkten.

TIPP 5: BLITZ-LEBENSMITTEL VERWENDEN

Mit Blitz-Lebensmitteln meine ich nicht, dass du auf Tütensuppe und andere Fertigprodukte zurückgreifen sollst. Vielmehr meine ich, dass es schnelle Alternativen zu oft sehr aufwendigen Lebensmitteln gibt. Ganz besonders kannst du bei Gemüse sehr viel Zeit sparen, wenn du statt dem frischen Gemüse die Tiefkühlprodukte kaufst. Gerade bei Tiefkühl-Obst und -Gemüse kannst du viel Zeit sparen, ohne an Qualität einzubüßen. Wenn du **naturbelassene Tiefkühlware** kaufst, die lediglich schon geputzt und geschnitten ist, kannst du nicht viel falsch machen. So sparst du dir dann Zeit beim Schnippeln und in den Finger schneiden kannst du dir so auch nicht ;)

Wichtig ist nur, dass du wirklich naturbelassene Produkte kaufst. Lass' am besten die Finger von verarbeiteten Gewürzen und vorgebratenen Produkten. Diese enthalten oft entweder zusätzlichen Zucker, Geschmacksverstärker, schlechte Öle oder anderen Unfug.

TIPP 6: KÜCHENHELFER ANSCHAFFEN

Mit „Küchenhelfer“ meine ich leider weder den Privatkoch noch die Spülhilfe – sondern vielmehr Gerätschaften, die die Arbeit in der Küche erleichtern und beschleunigen. Nützliche Küchengeräte können für dich zum Beispiel ein Blitzhacker, ein Thermomix oder ein Schnellkochtopf sein. Achte außerdem darauf, dass deine Messer scharf sind. Mit einem scharfen Messer schneidest du schneller und feiner. Zudem minimierst du durch ein scharfes Messer die Gefahr abzurutschen, wodurch auch deine Finger länger halten.

TIPP 7: KÜCHE AUFRÄUMEN

Wer Ordnung hält, ist zu faul zum Suchen? Mag sein. Fakt ist aber: Wenn du weißt, wo was steht, vergeudest du weniger Zeit beim Suchen. Denk mal darüber nach, **deine übervollen Küchenregale gnadenlos zu entrümpeln.** Stelle alle Gerätschaften, die du nicht oft nutzt in einen entlegenen Schrank und **mach' dir im Arbeitsbereich Platz** für die wichtigen Dinge. Eine leere Arbeitsfläche spart dir Zeit und macht viel mehr Spaß!

TIPP 8: ZUTATEN BEREITSTELLEN

Stell' dir vor dem Kochen alle Zutaten und Gerätschaften bereit. So hast du Gewürze, Öle, Messer, Bretter, Hobel und Rührlöffel sofort griffbereit, wenn der „Ernstfall" eintritt. Das spart nicht nur Zeit, sondern verhindert auch Küchen-Katastrophen! Nicht, dass dir die Suppe anbrennt, während du vergeblich nach dem letzten Gewürz suchst. #ZweiMalKochenIstNichtZeitsparend. Sogar Profiköche schwören auf diese Technik!

TIPP 9: MULTITASKING MIT SYSTEM BETREIBEN

Lies dir am besten das Rezept, das du kochen möchtest, schon einmal komplett durch bevor du beginnst. So weißt du während des Kochens schon ungefähr, welcher Schritt als nächstes kommt und du kannst eventuelle **Wartezeiten schon schneller effektiv nutzen.** So kannst du z.B. während das Nudelwasser noch kochen muss, schon anfangen die Sauce vorzubereiten – oder während etwas im Backofen ist, schon die Küche aufräumen, anstatt nur rumzusitzen und zu warten, bis das Essen fertig ist.

TIPP 10: SCHNELLER GAREN

Koche immer mit Deckel. Das hat viele Vorteile. Das Wasser fängt schnell an zu kochen und die Dinge, die du kochen möchtest, werden schneller gar. Außerdem sparst du Energie.

Wenn du Wasser zum Kochen bringen möchtest, kannst du außerdem den Wasserkocher benutzen, das Wasser einfach darin zum Kochen bringen und danach in den Topf gießen. Noch als kleiner Tipp: **Kleine Teile von Gemüse und Co. garen schneller** als große. Schneide also deine Lebensmittel in kleinere Stücke, wenn es egal ist, wie es aussieht.

TIPP 11: EINMAL KOCHEN, ZWEIMAL ESSEN

2x

Mein persönlicher Lieblingstipp! **Koche immer die doppelte Portion.** So kannst du z.B., wenn du immer abends kochst, die zweite Hälfte für den nächsten Mittag mit zur Arbeit nehmen. Das halbiert deine tägliche Kochzeit! Natürlich kannst du auch noch mehr Portionen kochen und dir einzelne Portionen abgepackt in den Kühlschrank oder das Gefrierfach legen. Wenn dann mal Not am Mann ist und du keine Zeit zum Kochen hast, kannst du einfach eine Portion aus dem Gefrierfach nehmen und kurz erhitzen.

TIPP 12: LEBENSMITTEL ONLINE BESTELLEN

Wusstest du schon, dass man heutzutage sogar seine Lebensmittel bei Rewe, Lidl und Co. online bestellen kann? Geh' dazu einfach auf die Webseite von deinem Lieblingssupermarkt und gebe deine Postleitzahl ein. Die Webseite des Supermarktes überprüft dann sofort, ob in deiner Nähe eine Filiale ist, die deine Bestellung liefern kann. **Das spart 100 % deiner Einkaufszeit** und du musst nicht einmal mehr schleppen.

Ich bin sicher du wirst den einen oder anderen Tipp gut anwenden, um künftig nicht nur in der Küche, sondern auch beim Einkauf zu sparen. Viel Spaß dabei, deine zukünftig gesparte Lebenszeit mit schönen Dingen zu verbringen.

Und jetzt geht's ran an den Herd mit 44 unwiderstehlichen, schnellen und veganen Gerichten. Los geht's mit:

FRÜHSTÜCK

20 Min.

Venglish Breakfast

ZUTATEN
für zwei Portionen

1 Packung vegane Bio-Bratwürstchen

1 Dose Baked Beans

2 Roggenbrötchen

FÜR DEN TOFU-SCRAMBLE

200 g Tofu natur

1 Rote Zwiebel

1 Knoblauchzehe

3 EL Olivenöl

½ TL Salz

½ TL Kreuzkümmel

¼ TL Chili

¼ TL Kurkuma

1 Strauch frisches Basilikum

Scharfe Sauce

SO GEHT'S:

Brate die **Würstchen** nach Packungsanleitung (Ich kann die Bratwürste von „LikeMeat" sehr empfehlen) und erhitze die **Baked Beans** sanft in einem kleinen Topf.

Lasse den **Tofu** abtropfen, zerbrösle ihn in kleine Stückchen und schneide die **Zwiebel** und den **Knoblauch** in kleine Würfel.

Erhitze eine weitere Pfanne mit etwas **Öl** und dünste die Zwiebel und den Knoblauch darin 1-2 Minuten an. Gib dann den Tofu dazu und lasse ihn einige Minuten anbräunen.

Vermische das **Olivenöl** und alle Gewürze in einer kleinen Schüssel und gieße es über die Tofupfanne. Weitere 3-4 Minuten braten lassen und auf einem Teller zusammen mit den Baked Beans, den Würstchen und den **Brötchen** servieren.

Mit **Basilikum** bestreuen und genießen! Je nach Lust kannst du mit scharfer Sauce würzen.

Eine Portion enthält:

670 kcal *Energie* | 20 g *Fett* | 70 g *Kohlenhydrate* | 44 g *Eiweiß*

5 Min.

Overnight-Oats
VANILLE-HEIDELBEERE

ZUTATEN
für eine Portion

5 EL kernige Haferflocken (50 g)

200 ml Haferdrink Vanille

20 Datteln getrocknet

5 g Chiasamen

30 g Heidelbeeren

SO GEHT'S:

Gib die **Haferflocken** und die **Chiasamen** in ein Glas und vermische sie. (Am besten ein Glas mit Schraubverschluss, notfalls tut es auch einer Tupperdose.)

Schneide die getrockneten **Datteln** in kleine Streifen und mische sie zusammen mit der **„Vanillemilch“** unter die Hafer-Chia Mischung.

Deckel drauf und über Nacht in den Kühlschrank.

Am Nächsten Morgen nur noch mit **Heidelbeeren** toppen und fertig ist das schnelle und gesunde Frühstück.

Du kannst natürlich auch mit den **Trockenfrüchten** und **Beeren** variieren, oder z.B. auch **Nüsse** mit hineingeben.

Eine Portion enthält:

373 kcal ***Energie*** 7 g ***Fett*** 63 g ***Kohlenhydrate*** 9,3 g ***Eiweiß***

5 Min.

Joghurt **Frucht-Traum**

ZUTATEN

für eine Portion

250 g bio Sojajoghurt

1 reife Banane

10 g Leinsamen (geschrotet)

20 getrocknete Früchte nach Wahl

50 g Heidelbeeren

50 g Himbeeren

10 g Ahornsirup

SO GEHT'S:

Die **Banane** und die **getrockneten Früchte** (Ich empfehle Cranberries, Maulbeeren oder Datteln) deinen Wünschen entsprechend schneiden.

Fülle den **Sojajoghurt** in eine Schale, verfeinere ihn mit dem **Ahornsirup** und streue die **Leinsamen** darüber.

Dekoriere deinen Joghurttraum mir den Bananenstücken, den Trockenfrüchten und den **Beeren** - fertig ist ein echter Hingucker für den Morgen.

Eine Portion enthält:

413 kcal ***Energie***

9,7 g ***Fett***

57 g ***Kohlenhydrate***

15,7 g ***Eiweiß***

7 Min.

Green Smoothie

ZUTATEN
für eine Portion

50 g gefrorener Spinat

2 reife Bananen

½ Apfel

etwas Zitronenschale

n.B. Zitronensaft

5-10 Minzblätter

Wasser

Eine Hand voll Erdbeeren

n.B. Eiweißpulver
(geht natürlich auch ohne)

SO GEHT'S:

Den gefrorene **Spinat** in ein Standmixer geben und mit ca. 200 ml **warmem Wasser** übergießen. Am besten wartest du dann 5 Minuten ab, bis der Spinat leicht angetaut ist. Dann wird die Konsistenz später besser.

Lass' den Spinat kurz (30 Sek.) mixen, gib dann **alle restlichen Zutaten** hinzu und lass deinen Smoothie solange mixen bis er schön geschmeidig ist.

Eine Portion enthält:

240 kcal ***Energie***

0,7 g ***Fett***

50 g ***Kohlenhydrate***

4 g ***Eiweiß***

15 Min.

Reis-Kokos-Pancakes

ZUTATEN
für zwei Portionen

1 Tasse Kokosmilch

2/3 Tasse Reismehl

2/3 Tasse feine Haferflocken

2 EL Speisestärke

1 EL Apfelessig

1,5 TL Backpulver

1 Prise Salz

1,5 EL Kokoszucker

2 EL Kakao

Kokosöl zum Braten

TOPPING-TIPP:

n.B. Kokosjoghurt mit Heidelbeeren

SO GEHT'S:

Vermische **alle Zutaten bis auf den Essig** in einer Schüssel. Zum Schluss den **Essig** zugeben und kurz unterrühren.

Etwas **Kokosöl** in einer Pfanne erhitzen und mit einem Schöpflöffel portionsweise in den Teig eingießen.

Wichtig: Lasse die Pfanne wirklich richtig heiß werden bevor du den Teig hineingibts, dann lässt er sich besser lösen.

Beidseitig goldbraun braten.

Getoppt mit Kokosjoghurt und Heidelbeeren sind die Pancakes ein wahres Feinschmecker-Erlebnis. Mit Ahornsirup sind sie auch himmlisch.

Eine Portion enthält:

550 kcal ***Energie***

20 g ***Fett***

70 g ***Kohlenhydrate***

12 g ***Eiweiß***

ASIATISCH

5 Min.

Pad Thai **der Götter**

ZUTATEN
für zwei Portionen

½ Weißkohl

100 g Rotkohl

2 Karotten

1 Limette

FÜR DIE SOSSE:

5 EL Sojasauce

1-2 EL Sriracha Sauce

3 EL Ketchup

½ EL Ahornsirup

1 EL frisch geriebener Ingwer

SO GEHT'S:

Schneide beide **Kohlsorten** getrennt voneinander in sehr feine Streifen und schäle mit dem Gemüseschäler die **Karotte** in feine Streifen.

Erhitze einen Wok oder eine große Pfanne ohne Fett und brate den **grünen Kohl** darin für circa 10 Minuten, bis er knusprig ist.

Währenddessen kannst du die Sauce anrühren. Mische **alle Zutaten für die Sauce** zusammen und gib die Sauce mit in die Pfanne sobald der Weißkohl fertig ist.

Gib nach 1-2 Minuten den Rotkohl und die Karotten dazu und richte alles mit **Limettenscheiben** an.

Eine Portion enthält:

123 kcal *Energie*

1 g *Fett*

23 g *Kohlenhydrate*

4 g *Eiweiß*

20 Min.

SCHNELLE ASIATISCHE *Tempeh-Pfanne*

ZUTATEN
für zwei Portionen

200 g Tempeh

6 Frühlingszwiebel

2 EL Kokosöl

100 g frische Champignons

1 grüne Paprika

4 Zehen Knoblauch

1 TL Pfeffer

n. B. Sojasauce

1 Karotte

100 g Sprossen

1 rote Chilischote

SO GEHT'S:

Schneide den **Tempeh** in kleine Würfel und brate ihn in heißem Kokosöl an.

Währenddessen kannst du schon die **Pilze** würfeln, die **Karotten** hobeln, **Frühlingszwiebeln** in Scheiben schneiden und alles zum Tempeh dazugeben und 3 Minuten lang weiter braten lassen.

Schneide die **Paprika** in Streifen, hacke die **Chili** klein und gib beides dazu. Presse außerdem den **Knoblauch** hinein und würze alles kräftig mit **Pfeffer** und viel **Sojasauce**. Jetzt den Deckel drauf und ca. 3 Minuten köcheln lassen.

Immer wieder umrühren und zum Schluss die **rohen Sojasprossen** hinzugeben und servieren.

Eine Portion enthält:

344 kcal *Energie* · **15,9 g** *Fett* · **23 g** *Kohlenhydrate* · **22 g** *Eiweiß*

15 Min.

Buddhas Glasnudelsalat

ZUTATEN

für zwei Portionen

1 Gurke

4 Karotten

1 Stück daumengroßer Ingwer

200 g Glasnudeln

8 EL Sojasauce

1 EL Srirachasauce

Saft von einer Limette

½ EL Agavendicksaft

SO GEHT'S:

Bereite die **Glasnudeln** nach Packungsanweisung vor.

Schneide in der Zwischenzeit die **Gurke** und **Karotten** längs in dünne Stifte mit je 3-4 cm Länge.

Schäle den **Ingwer** und schneide ihn in feine Würfeln. (Wenn du eine robuste Knoblauchpresse hast, kannst du ihn auch damit pressen.)

Vermische die **Sojasauce**, die **Srirachasauce**, den **Limettensaft**, den Ingwer und den **Agavendicksaft** in einer großen Schüssel.

Karotten, Gurken und die abgegossenen Glasnudeln hinzufügen. Alles gut vermischen und genießen.

Eine Portion enthält:

453 kcal ***Energie***

1,6 g ***Fett***

99 g ***Kohlenhydrate***

4 g ***Eiweiß***

20 Min.

Vegane **Sushi-Bowl**

MIT ERDNUSS-SAUCE

ZUTATEN

für zwei Portionen

200 g Reisnudeln

1 Avocado

2 Karotten

1 rote Paprika

1 kleinen Salatkopf

1 Bund Petersilie

1 EL Sesam

25 g Erdnüsse

FÜR DIE ERDNUSS-SAUCE

100 g Erdnussbutter

1 TL Sojasauce

2 TL Limettensaft

1-2 EL Ahornsirup

1 Knoblauchzehe

½ TL Chilipulver

2 TL warmes Wasser zum Verdünnen

SO GEHT'S:

Koche die **Reisnudeln** nach Packungsanleitung

Schneide in der Zwischenzeit **Karotten** und **Paprika** in etwa 5 cm lange und dünne Streifen. Schneide auch den **Salat** in Streifen und gib ihn zusammen mit den Karotten- und Paprikastreifen in die beiden Bowls.

Gib die Reisnudeln dazu und fächere die **Avocado** darüber.

Für die Erdnussbutter-Sauce kannst du **alle Zutaten** in einen Mixer geben und so lange mixen, bis die Sauce schön cremig ist.

Garniere deine Bowls großzügig mit der Erdnusssoße und garniere noch mit **Sesam, Erdnüssen und Petersilie** – voilà

Eine Portion enthält:

844 kcal ***Energie***

32 g ***Fett***

106 g ***Kohlenhydrate***

22,8 g ***Eiweiß***

Blitznudelpfanne

ZUTATEN

für zwei Portionen

150 g Shiitakepilze

25 g frischer Ingwer

1 Knoblauchzehe

400 g Chinakohl

2 EL Sesamöl

125 g Wok-Nudeln

5 EL Sojasauce

150 ml Gemüsebrühe

4 Frühlingszwiebeln

1 Bio-Limette

2 EL Röstzwiebeln

SO GEHT'S:

Putze die **Pilze** und schneide die Stiele ab, hacke den **Ingwer** und **Knoblauch** und schneide den **Chinakohl** in 1 cm breite Streifen

Erhitze das **Öl** in einem Wok oder einer Pfanne und brate die Pilze für 3 Minuten scharf an. Ingwer, Knoblauch und Kohl zugeben und weitere 4 Min. braten.

Gib die **Nudeln**, **Sojasauce** und **Brühe** dazu und lasse alles unter Rühren 5-7 Min. garen, bis die Flüssigkeit von den Nudeln fast vollständig aufgenommen ist.

In der Zwischenzeit kannst du die **Frühlingszwiebeln** in dünne Ringe schneiden und die **Limette** sechsteln. Eventuell musst du die Nudeln mit weiterer Sojasauce würzen, dann mit **Röstzwiebeln** und Frühlingszwiebeln bestreuen und mit den Limettenspalten servieren.

Eine Portion enthält:

726 kcal ***Energie***

21 g ***Fett***

99 g ***Kohlenhydrate***

27 g ***Eiweiß***

ORIENTALISCH

20 Min.

ORIENTALISCHES *Kichererbsen-Curry*

ZUTATEN
für zwei Portionen

1 mittelgroße Zwiebel

1 rote Paprika

1½ EL Olivenöl

400 g gehackte Tomaten (Dose)

400 g Kichererbsen (Dose)

2 EL Tomatenmark

2 TL Kreuzkümmel

1 TL Curry

Chili nach Geschmack

2 EL Sojajoghurt

SO GEHT'S:

Würfle die **Zwiebel** und brate sie in etwas Öl, bis sie leicht glasig wird. Schneide die **Paprika** in mittelgroße Stücke und gib sie mit in die Pfanne.

Gib nach 2 Minuten dann die **gehackten Tomaten** und **Kichererbsen** hinzu. Alles gut verrühren, **Tomatenmark** und **Gewürze** hinzufügen und nochmals rühren. Anschließend bei kleiner Hitze circa 12 Minuten köcheln lassen.

Mit **Salz** und **Pfeffer** abschmecken und mit einem Klecks **Sojajoghurt** servieren.

Tipp: Dazu schmeckt zum Beispiel Naan, Fladenbrot oder Couscous besonders gut

Eine Portion enthält:

355 kcal *Energie* **14 g** *Fett* **34 g** *Kohlenhydrate* **13 g** *Eiweiß*

20 Min.

Linsen-Curry

ZUTATEN

für 1-2 Portionen

200 g Kräutertofu

3 Frühlingszwiebeln

1 Knoblauchzehe

2 EL Öl

100 g rote Linsen

1 Msp. gemahlener Kardamom

1 Msp. gemahlene Kreuzkümmelsaat

2 TL scharfes Currypulver

Salz

Pfeffer

250 ml ungesüßte Kokosmilch

SO GEHT'S:

Würfle den **Tofu**, schneide die **Frühlingszwiebeln** in kleine Stückchen und hacke den **Knoblauch** in feine Würfel.

Dünste die **Frühlingszwiebeln** und den **Knoblauch** in etwas **Öl** und gib nach einer Minute die **Linsen, Kardamom, Kreuzkümmel, Curry, Salz und Pfeffer** hinzu. Mit **Kokosmilch** ablöschen und 5 Minuten zugedeckt dünsten. Gib dann den Tofu dazu und lasse alles zusammen weitere 3-4 Minuten dünsten.

Eine Portion enthält:

612 kcal ***Energie***

40 g ***Fett***

31 g ***Kohlenhydrate***

29 g ***Eiweiß***

20 Min.

Brokkoli-Lauch-Curry

ZUTATEN

für zwei Portionen

1 Zwiebel

1 Knoblauchzehe

15 g Ingwer, frisch

100 g Lauch

400 g Brokkoli

15 ml Sojasauce

1 EL Kokosöl

1 EL Currypulver
(Schärfe nach Belieben)

1 EL gelbe Currypaste

1 EL Rohrzucker

1 Dose Kokosmilch, (400 g)

Salz

Pfeffer

2 EL Zitronensaft

50 g Cashewkerne

Reis als Beilage

SO GEHT'S:

Koche am besten zuerst den **Reis**, bevor du mit dem Rest beginnst. Ohne Reis schmeckt es allerdings auch himmlisch

Schneide den **Brokkoli** in mundgerechte Röschen, schneide die **Zwiebeln** und den **Lauch** in feine Würfel. Presse sowohl den **Knoblauch** als auch den **Ingwer** in eine kleine Schale. (Ingwer pressen geht nur mit einer robusten Knoblauchpresse!)

Brate den **Brokkoli** ca 2 Minuten in einer sehr heißen Pfanne mit **Kokosöl** an, gib dann den **Zucker**, die Zwiebeln, den Knoblauch und den Ingwer dazu.

Lasse alles 2-3 Minuten bei mittlerer Hitze braten, während du die **Currypaste** mit der **Sojasauce** vermischst.

Gib nun deine Mischung über den Pfanneninhalt, vermische alles noch einmal und gib nun die Kokosmilch dazu. Würze nun mit **Salz, Pfeffer, Currypulver, geriebener Zitronenschale und Zitronensaft** und serviere das ganze mit deinem Reis.

Dekoriere ganz am Ende mit den **Cashewnüssen** und lass' es dir schmecken.

Eine Portion enthält:

715 kcal ***Energie***

37 g ***Fett***

70 g ***Kohlenhydrate***

20 g ***Eiweiß***

12 Min.

MEDITERRANE *Linsen-Verführung*

ZUTATEN

für zwei Portionen

200 g rote Linsen

3 EL Olivenöl

1 TL Kreuzkümmel

1 Zwiebel

1 EL frischer Ingwer

2 EL Kokosraspeln

250 g gehackte Tomaten

1 kl. Zucchini

1 kl. Paprika

1 TL Kurkuma

1 Prise Chilipulver

1 TL Salz

½ TL Koriander

½ TL Gewürzmischung Garam Masala

SO GEHT'S:

Wasche die **roten Linsen** unter fließendem Wasser ab, bis das Waschwasser klar bleibt. Danach kannst du die Linsen in einem halben Liter Wasser kochen, bis sie weich sind.

Schneide die **Paprika** und die **Zwiebel** in feine Streifen.

Erhitze das **Öl** in einem großen Topf und brate die **Zwiebel** sowie den **Kreuzkümmel** darin goldbraun an. Den Ingwer und die **Kokosraspeln** zugeben und etwa eine Minute weiterbraten.

Gib die **gehackten Tomaten** und die **Paprikastreifen** hinzu und lasse alles bei geschlossenem Deckel etwa 5 Minuten auf kleiner Flamme köcheln. **Kurkuma, Chili, Salz und Linsen** mitsamt Kochflüssigkeit hinzufügen und alles nochmal ca. 5 Minuten lang auf kleiner Flamme köcheln lassen.

Kurz vor dem Servieren mit **Garam Masala** würzen.

Eine Portion enthält:

600 kcal *Energie*

22 g *Fett*

76,3 g *Kohlenhydrate*

15 g *Eiweiß*

PASTA

12 Min.

12 Minuten-One-Pot-Pasta

ZUTATEN
für vier Portionen

500g Spaghetti

1 Zwiebel

2 Knoblauchzehen

400g gehackte Tomaten

2 EL Oregano

1 L Gemüsebrühe

2 EL Olivenöl

Salz Pfeffer, Chiliflocken

n. B. etwas Agavendicksaft oder Ahornsirup

SO GEHT'S:

Breche die **Spaghetti** in der Mitte durch und gib sie in einen großen Topf.

Schneide die **Zwiebel** und den Knoblauch in feine Streifen und gib sie zusammen mit den **gehackten Tomaten** und dem **Oregano** in den Topf. Mit der kochenden **Gemüsebrühe** übergießen und das **Olivenöl** dazugeben.

Lasse alles 11 Minuten kochen und rühre dabei alle zwei Minuten um.

Mit **Salz, Pfeffer, Agavendicksaft und Chiliflocken** abschmecken und los geht's. Eventuell noch mit etwas **Agavendicksaft** oder **Ahornsirup** abschmecken.

Und schau dir unbedingt mal den veganen Parmesan auf Seite 45 an.

Eine Portion enthält:

546 kcal ***Energie***

11 g ***Fett***

91,5 g ***Kohlenhydrate***

17 g ***Eiweiß***

15 Min.

Linguine mit Zucchini
UND ZITRONENSAUCE

ZUTATEN
für zwei Portionen

300 g Linguine

2 EL Olivenöl

2 Knoblauchzehen

2 kleine Zucchini

1 Zitrone

Salz

Pfeffer aus der Mühle

1-2 EL Agavendicksaft

SO GEHT'S:

Koche die **Linguine** in Salzwasser al dente.

Schäle und hacke in der Zwischenzeit den **Knoblauch** in feine Stücke, reibe 1-2 TL von der **Zitronenschale** ab und presse dann den Saft heraus. Schneide die **Zucchini** in feine Streifen oder rasple sie grob.

Den Knoblauch und die Zucchini in heißem Öl ca. 2-3 Min. anschwitzen und dann den Zitronensaft und die Zitronenschale unterrühren.

Gib nun die noch tropfnassen Nudeln dazu und schmecke mit **Salz, Pfeffer und Agavendicksaft** ab.

Eine Portion enthält:

650 kcal *Energie*

15 g *Fett*

106 g *Kohlenhydrate*

18 g *Eiweiß*

15 Min.

Aglio Olio Spinat

ZUTATEN
für zwei Portionen

3 Knoblauchzehen

½ rote Chilischote

200 g Blattspinat, jung

200 g Linguine

4 EL Olivenöl

Meersalz

Schwarzer Pfeffer
aus der Mühle

SO GEHT'S:

200 g **Linguine** in reichlich kochendem Salzwasser nach Packungsanweisung al dente garen.

Schneide die **Knoblauchzehen** und die **Chili** in feine Würfel. (Die Kerne enthalten besonders viel Schärfe, für das Aroma der Chili reicht schon das weniger scharfe Fruchtfleisch.)

Erhitze das **Olivenöl** in einer großen Pfanne und lasse den Knoblauch und die Chili darin eine Minute bei mittlerer Hitze andünsten. Gib den **Spinat** dazu und lasse ihn leicht zusammenfallen

Schmecke alles mit **Salz und Pfeffer** ab und gib die tropfnassen Linguine in die Pfanne. Vermische alles.

Am besten schmeckt's sofort serviert.

Eine Portion enthält:

637 kcal ***Energie***

32 g ***Fett***

70 g ***Kohlenhydrate***

14 g ***Eiweiß***

Kokos-Limetten-Pasta

ZUTATEN

für zwei Portionen

250g Spaghetti

200g Zuckerschoten

1 Limette

50g Wasabi-Nüsse

1 kleine Zwiebel

300ml Kokosmilch

8g Rohrzucker

1-2 EL Sojasauce

10g Gemüsebrühe

Pfeffer

SO GEHT'S:

Koche zuerst die **Nudeln**

Schneide die **Zuckerschoten** schräg in 2 cm große Stücke und reibe von der **Limette** 2 TL Schale fein ab. Presse den **Limettensaft** aus und hacke die **Wasabi-Nüsse** grob, schneide außerdem die **Zwiebeln** in sehr feine Würfel.

Brate die Zuckerschoten 2-3 Minuten heiß an, stelle dann die Hitze etwas herunter und gib den **Rohrzucker**, die Sojasauce und die **Zwiebeln** dazu. Lasse alles zusammen noch 1-2 Minuten braten und lösche dann mit der **Kokosmilch** ab.

Gib nun noch die **Gemüsebrühe**, den Limettensaft und die abgeriebene Schale dazu und schmecke alles mit Pfeffer ab.

Mit den gut abgetropften Nudeln servieren und mit den gehackten Wasabi-Nüssen garnieren.

Eine Portion enthält:

890 kcal ***Energie*** **31 g** ***Fett*** **125 g** ***Kohlenhydrate*** **26 g** ***Eiweiß***

15 Min.

Fake **Mac-n-Cheese**

ZUTATEN

für zwei Portionen

200 g Makkaroni
(die gesündere Variante sind zb. Kichererbsen-Nudeln)

3 EL Kokos- oder Olivenöl

2 EL feines Mehl

300 ml Sojamilch

3 EL Hefeflocken

Salz

Gemüsebrühen-Pulver

Pfeffer

Chili

SO GEHT'S:

Lasse die **Nudeln** zuerst al dente kochen.

Nimm dir einen kleinen Topf und erhitze das **Öl** darin auf mittlerer Stufe.

Gib das **Mehl** nach und nach in das Öl, während du es mit einem Schneebesen unterrührst.

Lass' es ca. 2 Minuten leicht brutzeln.

Gib dann die **Sojamilch** unter kräftigem Rühren langsam in den Topf. Gib so viel „Milch“ hinein, bis die Sauce noch leicht zähflüssig ist

Tipp: Nimm auf jeden Fall Sojamilch mit Raumtemperatur.

Gib anschließend die **Hefeflocken** langsam dazu, während du kräftig mit einem Schneebesen rührst.

Nun noch nach Belieben **Salz, Pfeffer und Chili** hinein und fertig sind deine Fake Mac-n-Cheese.

Eine Portion enthält:

710 kcal ***Energie***

25,4 g ***Fett***

88,4 g ***Kohlenhydrate***

27,8 g ***Eiweiß***

Avocado-Tomaten-Linguine

ZUTATEN
für zwei Portionen

200 g Linguine

Salz

1 Knoblauchzehe

400 g Kirschtomaten

1 reife Avocado

10 Blätter Basilikum

5 EL Olivenöl

1 EL Zitronensaft

1 TL Chiliflocken

1 TL Zucker

Pfeffer

SO GEHT'S:

Koche die **Nudeln** in reichlich kochendem Salzwasser nach Packungsanweisung al dente und lasse dabei die gepellte **Knoblauchzehe** mitkochen.

Tomaten vierteln. **Avocado** halbieren, den Kern entfernen, das Fruchtfleisch mit einem Löffel aus der Schale heben und würfeln. **Basilikum** grob zerzupfen. Gib alles in eine große Schüssel zusammen mit dem **Olivenöl**, dem **Zitronensaft**, den **Chiliflocken** und etwas **Zucker**. Schmecke alles mit **Salz** und **Pfeffer** ab und vermische es vorsichtig.

Gieße die Nudeln ab, zerdrücke den Knoblauch mit einer Gabel und gib ihn zur Tomaten-Avocado-Mischung dazu.

Nudeln untermischen und mit 2 EL **Olivenöl** beträufelt servieren.

Eine Portion enthält:

732 kcal ***Energie*** · **36 g** ***Fett*** · **82 g** ***Kohlenhydrate*** · **15 g** ***Eiweiß***

15 Min.

Linguini Carbonara

ZUTATEN

für zwei Portionen

250 g Linguine

100 g Räuchertofu

1 Zwiebel

½ Bund frische Petersilie

3 EL Olivenöl

250 ml Hafersahne

20 g Hefeflocken

Schwarzer Pfeffer
(am besten aus der Mühle)

SO GEHT'S:

Die **Linguine** nach Packungsanweisung al dente garen.

Gleichzeitig kannst du den **Räuchertofu** in kleine Würfel schneiden und die **Zwiebeln** und **Petersilie** fein hacken.

Brate den Räuchertofu in heißem **Olivenöl** leicht knusprig und gib dann die Zwiebeln hinzu.

Nach 2-3 Minuten alles mit der **Hafersahne** ablöschen, einen Großteil der Petersilie und die **Hefeflocken** hinzugeben und das Ganze noch 2 Minuten ziehen lassen.

Schmecke mit **Salz** und **Pfeffer** ab und serviere mit etwas Petersilie als Topping.

Eine Portion enthält:

848 kcal ***Energie***

35 g ***Fett***

105 g ***Kohlenhydrate***

24 g ***Eiweiß***

SUPPEN

15 Min.

Kürbissuppe

ZUTATEN
für zwei Portionen

450 g Hokkaido

1 große Zwiebel

1 Knoblauchzehe,

10 g Olivenöl

480 ml Gemüsebrühe

240 ml Kokosnussmilch

30 ml Ahornsirup

¼ TL Salz, Pfeffer, Zimt, Muskatnuss

1 getrocknete Chili (optional, falls Du es scharf magst)

1 Hand voll Kürbiskerne (optional)

SO GEHT'S:

Würfle den **Hokkaido** und brate ihn bei mittlerer Hitze ca. 3 Minuten an. Schneide in der Zwischenzeit schon die **Zwiebeln** und den **Knoblauch** in grobe Stückchen.

Gib nun die Zwiebeln und den Knoblauch dazu und lösche alles nach 2-3 Minuten mit der **Gemüsebrühe** ab. Gib danach die **Kokosnuss-milch** und den **Ahornsirup** dazu und lasse die Suppe bei mittlerer Hitze 5 weitere Minuten köcheln.

Püriere die Suppe, gib die **Gewürze** dazu und lasse sie bei geringer Hitze noch einmal 4 Minuten ziehen.

Gib die **Kürbiskerne** erst auf deinem Teller dazu, dann bleiben sie schön knackig.

Eine Portion enthält:

390 kcal ***Energie*** 26 g ***Fett*** 31 g ***Kohlenhydrate*** 6 g ***Eiweiß***

15 Min.

Kichererbsen-Möhren-Suppe

ZUTATEN

für zwei Portionen

150 g Möhren

1 Zwiebel

1 Knoblauchzehe

1 Dose Kichererbsen, (425 g Füllmenge)

5 EL Olivenöl

Salz

¼ TL Chiliflocken

½ TL gemahlener Kreuzkümmel

400 ml Gemüsebrühe

½ Avocado

3 EL Zitronensaft

4 Stiele Petersilie

Salz, Pfeffer

10 g Agavendicksaft

SO GEHT'S:

Würfle die **Möhren, Zwiebeln und den Knoblauch** und dünste sie zusammen mit den (abgegossenen) **Kichererbsen** in heißem **Olivenöl** an. Gib **Salz, Chiliflocken und Kreuzkümmel** dazu, lösche alles mit der **Gemüsebrühe** ab und lasse die Suppe 10 Minuten köcheln.

Schneide das Fruchtfleisch einer halben **Avocado** in kleine Würfel und gib etwas **Zitronensaft** darüber.

Püriere die Suppe und schmecke sie mit **Salz, Pfeffer, Chiliflocken, Zitronensaft und Agavendicksaf**t ab.

Toppe deine Suppe anschließend mit den Avocadowürfeln, **Petersilie** und etwas **Olivenöl.**

Tipp: Dazu passt super **Fladenbrot!**

Eine Portion enthält:

417 kcal *Energie*

24 g *Fett*

33 g *Kohlenhydrate*

11 g *Eiweiß*

20 Min.

Mais-Kokos-Suppe

ZUTATEN

für zwei Portionen

1 Dose Mais
(425 g Füllmenge)

2 Frühlingszwiebeln

3 Knoblauchzehen

2 EL Olivenöl

Salz

Chiliflocken

550 ml Gemüsebrühe

200 ml Kokosmilch

Salz

2 TL Limettensaft

2 Stiele Koriandergrün

SO GEHT'S:

Schneide die **Frühlingszwiebeln** und den **Knoblauch** in Scheiben und brate sie zusammen mit dem abgetropften **Mais** in **Olivenöl** an – mit **Salz** und **Chiliflocken** würzen.

Nimm dir 2 Esslöffel vom gebratenen Mais beiseite, gib den Rest zusammen mit der **Gemüsebrühe** in einen Topf und lasse alles einmal aufkochen. Gib dann die Kokosmilch dazu, lasse alles weitere 8 Minuten köcheln und püriere deine Suppe anschließend.

Schmecke mit Salz und **Limettensaft** ab und toppe deine Suppe anschließend mit dem restlichen Mais und etwas **Koriandergrün**.

Eine Portion enthält:

480 kcal ***Energie*** **33 g** ***Fett*** **30 g** ***Kohlenhydrate*** **8 g** ***Eiweiß***

20 Min.

Löwenzahn-Suppe

MIT RUCOLA

ZUTATEN
für vier Portionen

1 Bund Löwenzahn (200 g)

1 Bund Rucola (200 g)

2 mittelgroße Kartoffeln

1 mittelgroße Zwiebel

2 Knoblauchzehen

1 EL Ahornsirup

2 TL Olivenöl

1 L Gemüsebrühe

Salz & Pfeffer
aus der Mühle

SO GEHT'S:

Schäle die **Kartoffeln** und schneide sie in kleine Stückchen. Schneide auch die **Zwiebeln** und den **Knoblauch** klein und dünste sie gemeinsam mit den Kartoffeln kurz an, bis die Zwiebeln glasig werden.

Schneide den **Löwenzahn** und den Rucola klein und gib sie zusammen mit der **Gemüsebrühe** zu den Kartoffeln und lasse alles ca. 8-10 Minuten köcheln

Püriere alles zu einer feinen Suppe und schmecke mit **Salz, Pfeffer und Ahornsirup** ab.

Eine Portion enthält:

200 kcal *Energie*

6 g *Fett*

25 g *Kohlenhydrate*

6 g *Eiweiß*

SAUCEN, DIPS **UND MEHR**

Cashew-Dip

WIE KÄSESAUCE

ZUTATEN

für zwei Portionen

200 ml Wasser

50 g Cashews

3 EL Hefeflocken

3 EL Weißweinessig

2 EL Tapiokamehl

2 TL Salz

1 TL Paprikapulver

1 TL Knoblauchpulver

1 TL Zwiebelpulver

1 TL Ahornsirup

½ TL Misopaste weiß

¼ TL Kurkuma

SO GEHT'S:

Hacke die **Cashewkerne** klein und gib sie dann zusammen mit den **restlichen Zutaten** in den Mixer bis alles klein ist.

Gib alles in einen Topf und lasse deine „Käsesauce" einmal aufkochen bis die sie andickt. Du solltest währenddessen die ganze Zeit mit dem Schneebesen etwas umrühren, da die sie sonst schnell anbrennt.

Wenn die Masse dick ist und beginnt, Fäden zu ziehen, kannst du sie vom Herd nehmen. Dein „Käse-Dip" ist bereit für den Filmeabend!

Tipp: Dazu passen natürlich **Tortillas** am allerbesten :)

Eine Portion enthält:

200 kcal *Energie*

11 g *Fett*

15 g *Kohlenhydrate*

9 g *Eiweiß*

10 Min.

Blitz-Pesto

ZUTATEN

für zwei Portionen

200 g getrocknete Tomaten

5 EL Balsamico

50 ml Heißes Wasser

2 Knoblauchzehen

100 g Pinienkerne

Oregano

SO GEHT'S:

Gib die **getrockneten Tomaten** schon mal in den Mixer, übergieße sie mit 50 ml **kochendem Wasser** und lasse sie 5 Minuten ziehen.

Röste in der Zwischenzeit die **Pinienkerne** leicht an und gib sie dann zusammen mit allen **restlichen Zutaten** mit in den Mixer.

Mixe alles bis zur gewünschten Konsistenz und fertig ist dein Blitz-Pesto

Schmeckt lecker auf frischem Baguette oder als Brotaufstrich, mit etwas mehr Öl auch eine leckere Soße für Pasta.

Eine Portion enthält:

275 kcal ***Energie*** | 19 g ***Fett*** | 16 g ***Kohlenhydrate*** | 6 g ***Eiweiß***

10 Min.

BLITZSCHNELLE
Tomaten-Sauce

ZUTATEN
für zwei Portionen

1 Dose gehackte Tomaten

100 g getrocknete Tomaten in Öl

1 Knoblauchzehe

1 Zwiebel

3 Stiele Basilikum

2 EL Tomatenmark

1 EL Agavensirup

Salz & Pfeffer

n.B. 4-5 schwarze Oliven

SO GEHT'S:

Schneide den **Knoblauch**, die Zwiebel, die **Oliven** und die **getrockneten Tomaten** in kleine Stücke und brate alles bei mittlerer Hitze 2 -3 Minuten in heißem **Olivenöl** an.

Gib nun zuerst den **Agavendicksaft** und das **Tomatenmark** dazu, dann die **gehackten Tomaten und die Gewürze** und lasse alles 3 Minuten köcheln.

Mit feinen **Basilikumstreifen** zur Beilage servieren

Eine Portion enthält:

150 kcal ***Energie***

6 g ***Fett***

15 g ***Kohlenhydrate***

5 g ***Eiweiß***

5 Min.

Fake-Parmesan

ZUTATEN
für vier Portionen

70 g Cashewnüsse

25 g Hefeflocken

1 TL Salz

2 TL Zitronensaft

1 TL Zucker

SO GEHT'S:

Gib die **Cashewnüsse** in einen Mixer und mixe solange, bis eine Art Cashewmehl entsteht. Mische dann alle Zutaten zusammen und brösele den #FakeParmesan über dein Essen.

Eine Portion enthält:

123 kcal ***Energie***

7,7 g ***Fett***

6,3 g ***Kohlenhydrate***

6,2 g ***Eiweiß***

SALATE

15 Min.

Couscous-Salat

ZUTATEN

für vier Portionen

250 g Couscous

5 EL Weinessig

50 g Himbeeren

1 Paprika

2 EL Ahornsirup

3 kleine Lauchzwiebeln

Salz und Pfeffer

70 g Cashewkerne

SO GEHT'S:

Bereite den **Couscous** nach Packungsanweisung vor und schneide den **Paprika** und die **Lauchzwiebeln** klein.

Gib die **Himbeeren**, den **Essig** und den **Ahornsirup** in den Mixer, fertig ist dein blitzschnelles Dressing

Gib die Essig-Himbeer-Soße, den **Paprika**, die **Cashews** und den **Lauch** unter den leicht abgekühlten Couscous und würze noch nach Belieben mit **Salz und Pfeffer**.

Eine Portion enthält:

395 kcal ***Energie***

9,9 g ***Fett***

59 g ***Kohlenhydrate***

12 g ***Eiweiß***

15 Min.

SOMMER-
Erdbeer-Gurkensalat

ZUTATEN
für zwei Portionen

1 Salatgurke

500 g Erdbeeren

50 g Pinienkerne

60 g Rucola

1 Frühlingszwiebel

2 EL Zitronensaft

1 EL Erdbeersirup

25 g Öl nach Wahl

Salz & Pfeffer
aus der Mühle

SO GEHT'S:

Schneide die **Salatgurke** in dünne Scheiben, salze sie leicht, viertele die **Erdbeeren** und röste die **Pinienkerne** leicht an. (ohne Öl).

Den **Rucola** waschen, trockenschütteln und die **Frühlingszwiebeln** in feine Ringe schneiden.

Verrühre den **Zitronensaft** und den **Sirup** mit etwas **Salz** und gib das **Öl** in feinem Strahl dazu, während du dabei mit einer Gabel kräftig rührst.

Würze mit **Salz und Pfeffer** und richte deinen Salat an.

Eine Portion enthält:

365 kcal	**Energie**	27 g	**Fett**
22 g	**Kohlenhydrate**	6 g	**Eiweiß**

15 Min.

ROTE-BEETE-
Avocado-Salat

ZUTATEN
für zwei Portionen

15 g Sonnenblumenkerne

1 große Bio-Orangen

Bei Bedarf zusätzlich etwas Orangensaft

2 EL Apfelessig

Salz

Pfeffer

300 g gekochte Rote Beete (Vakuumpack)

1 Mini-Römersalat

1 Avocado

SO GEHT'S:

Röste die **Sonnenblumenkerne** in einer Pfanne ohne Fett goldbraun und lasse sie auf einem Teller abkühlen.

Die **Orange** heiß waschen, trocknen und 1 TL Schale fein abreiben. Danach die Orange so schälen, dass die weiße Haut vollständig entfernt wird. Schneide die Orangenfilets zwischen den Trennhäuten heraus und fange den Saft dabei auf.

Verrühre 40 ml **Orangensaft**, die **Orangenschale**, den **Apfelessig**, das **Salz** und den **Pfeffer** miteinander.

Schneide die **rote Beete** in Spalten und schneide den Salat in fingerbreite Streifen.

Schneide das Fruchtfleisch der **Avocado** in Spalten, mische deinen Salat (vorsichtig!) und streue beim Anrichten die **Sonnenblumenkerne** darüber.

Eine Portion enthält:

235 kcal ***Energie***

11 g ***Fett***

25 g ***Kohlenhydrate***

6 g ***Eiweiß***

DEIN BESONDERES

Überraschungs-Rezept

Hinter diesem QR-Code wartet etwas ganz Besonderes auf dich.

Eines meine persönlichen Lieblingsrezepte, super schnell gemacht und unglaublich lecker. Der perfekte Snack für zwischendurch, du wirst es lieben!

VERSCHIEDENE
HAUPTGERICHTE

Minz-Couscous

ZUTATEN
für vier Portionen

8 getrocknete Soft-Aprikosen

2-3 Lauchzwiebeln

300 ml Gemüsebrühe

Salz & Pfeffer

1 TL 5-Gewürze-Pulver oder Chinagewürz

200 g Couscous

6 Stiele Minze

4 EL Olivenöl

SO GEHT'S:

Schneide die **Lauchzwiebeln** in kleine Ringe und würfle die **getrockneten Soft-Aprikosen.**

Dünste die Lauchzwiebeln in etwas **Olivenöl** 2-3 Minuten an, gib kurz die Aprikosenwürfel hinzu bevor du mit der **Gemüsebrühe** ablöschst.

Lass' alles kurz aufkochen, gib dann den **Couscous** hinzu und lasse ihn abgedeckt 5 Minuten quellen.

Schneide in der Zwischenzeit die Blättchen der **Minze** in feine Streifen.

Würze den Couscous mit **Salz, Pfeffer und Chinagewürz**, lockere ihn mit einer Gabel etwas auf und mische das Olivenöl darunter. Mit der Minze bestreut servieren.

Eine Portion enthält:

312 kcal ***Energie***

11 g ***Fett***

43 g ***Kohlenhydrate***

7 g ***Eiweiß***

20 Min.

Rote-Linsen-Gemüse

ZUTATEN

für zwei Portionen

1 Zwiebel

2 Stangen Staudensellerie

0,5 Bund Petersilie

3 EL Öl

150 g rote Linsen

300 ml Gemüsebrühe

Salz

Pfeffer

1-2 TL Agavendicksaft

2 EL Zitronensaft

3 EL Olivenöl

SO GEHT'S:

Würfle die **Zwiebel** fein und lege die hellgrünen Blättchen der **Staudensellerie** beiseite. Schneide die Staudensellerie in dünne Streifen und hacke die **Petersilie** klein.

Brate die **Zwiebeln** und die **Staudensellerie** leicht in etwas **Öl** an und gib nach 2 Minuten die **Linsen** dazu. Lösche nach kurzer Zeit den Pfanneninhalt mit der **Gemüsebrühe** ab und lasse alles 8-10 Minuten bei mittlerer Hitze garen.

Gib den **Zitronensaft**, das **Olivenöl** und die **Petersilie** dazu und schmecke mit **Salz, Pfeffer und etwas Agavendicksaft** ab.

Eine Portion enthält:

530 kcal *Energie* · 31 g *Fett* · 42 g *Kohlenhydrate* · 19 g *Eiweiß*

15 Min.

Paprika-Couscous

ZUTATEN
für zwei Portionen

125 g Couscous

2 rote Paprikas

Salz

½ TL getrockneter Oregano

100 g gegrillte Paprika (Glas)

2 EL Salzmandeln

2 EL Olivenöl

Salz

Cayennepfeffer

SO GEHT'S:

Heize den Backofen auf 220°C vor, „köpfe" die beiden **Paprika** und bepinsele sie mit etwas **Olivenöl**. Stelle die Paprika in den Backofen (sobald er heiß ist) und lasse sie für ca. 8 Minuten schmoren.

Bereite in der Zwischenzeit den **Couscous** nach Packungsanleitung vor und würze ihn mit **Salz und Oregano**.

Lasse die gegrillten Paprika abtropfen, schneide sie in feine Streifen und hacke die **Salzmandeln** klein. Gib beides zusammen mit Olivenöl und **Cayennepfeffer** zum Couscous dazu.

Fülle die Ofenpaprika mit der Couscous- Mischung und los geht's!

Eine Portion enthält:

397 kcal *Energie*

19 g *Fett*

44 g *Kohlenhydrate*

10 g *Eiweiß*

15 Min.

Süßkartoffeltoast *Italia*

ZUTATEN
für eine Portion

100 g Süßkartoffel

1 EL Olivenöl

1 Knoblauchzehe

n.B. Gartenkräuter

etwas Salz

etwas Pfeffer

SO GEHT'S:

Schneide die **Süßkartoffel** in 1-2 cm dicke Scheiben (nur so dick, dass sie noch in den Toaster passen) und toaste sie 2-3 Durchgänge auf längster Stufe.

In der Zwischenzeit kannst du schon den **Knoblauch** fein hacken.

Erst nachdem die Süßkartoffelscheiben fertig getoastet sind, solltest du sie mit etwas **Olivenöl** bestreichen und mit Knoblauchwürfeln, **Gartenkräutern, Salz und Pfeffer** bestreuen.

Eine Portion enthält:

215 kcal ***Energie***

13 g ***Fett***

20 g ***Kohlenhydrate***

2 g ***Eiweiß***

Teriyaki-Tofu-Pfanne

ZUTATEN

für zwei Portionen

200 g Tofu
(z.B. Mandel-Nuss-Tofu)

5 EL Teriyaki-Sauce / Sojasauce

1 Schalotte

1 Knoblauchzehe

120 g Zuckerschoten

200 g Süßkartoffel

2 EL Kokosöl

1 Limette

1 TL Rohrzucker

200 ml Sojamilch

20 g Hefeflocken

SO GEHT'S:

Würfle den **Tofu**, schneide die **Zuckerschoten** in der Hälfte durch und hacke die **Zwiebeln** in feine Würfel. Schäle die **Süßkartoffeln** und schneide sie in feine Sticks. (Du kannst auch super einen Spiralschneider verwenden.)

Brate die Süßkartoffeln scharf in **Kokosöl** an und gib nach 3 Minuten die Zuckerschoten und die Zwiebeln dazu. Presse den **Knoblauch** hinein, lasse alles 2 Minuten mitbraten, gib den **Zucker** und anschließend die **Teriyaki-, oder Sojasauce** darüber. Gib den Tofu dazu und würze mit etwas **Limettensaft**.

Lösche alles mit der **Sojamilch** ab und gib die **Hefeflocken** dazu. Lasse nun alles einmal aufkochen und fertig ist's.

Eine Portion enthält:

500 kcal *Energie* | 27 g *Fett* | 60 g *Kohlenhydrate* | 33 g *Eiweiß*

20 Min.

Bratkartoffeln
MIT CHAMPIGNONS

ZUTATEN
für zwei Portionen

500 g festkochende Kartoffeln

2 EL Bratöl

250 g Champignons

1-2 Zweige Rosmarin

2 kleine Knoblauchzehen

Salz & Pfeffer

SO GEHT'S:

Schneide die **Pilze** in Scheiben, zerzupfe den **Rosmarin** und schneide den **Knoblauch** klein.

Schneide die **Kartoffeln** in dünne Scheiben und brate sie in Öl unter ständigem Wenden ca. 10 Minuten an.

Die Pilze, den Rosmarin und den Knoblauch zu den Kartoffeln geben und ca. 5 Minuten mitbraten.

Mit **Salz und Pfeffer** würzen und fertig.

Eine Portion enthält:

331 kcal ***Energie*** | 14 g ***Fett*** | 38 g ***Kohlenhydrate*** | 7 g ***Eiweiß***

Blumenkohl mit Senfsauce

ZUTATEN

für zwei Portionen

1 kleiner Blumenkohl

250 ml Hafer-Cuisine

1 EL Senf

Kurkuma

Dill

Salz

Schwarzer Pfeffer

1 EL Olivenöl

Agavendicksaft

etwas Zitronensaft

SO GEHT'S:

Teile den **Blumenkohl** in größere Röschen und gib ihn für 5-10 Minuten in kochendes Wasser. (je nachdem wie weich oder bissfest du den Blumenkohl möchtest.)

Erhitze in einem separaten Topf die **Hafer-Cuisine** sanft, während du den **Senf, Kurkuma, Dill, Olivenöl, Agavendicksaft und Zitronensaft** unterrührst.

Jetzt nur noch mit **Salz und Pfeffer** abschmecken.

Tipp: Als Beilage kann ich dir Reis empfehlen. Den solltest du dann allerdings schon aufsetzen, *bevor* du mit der Sauce beginnst.

Eine Portion enthält:

188 kcal *Energie* | 8 g *Fett* | 17 g *Kohlenhydrate* | 16 g *Eiweiß*

SÜSSES

5 Min.

Weltbester **Schokopudding**

ZUTATEN

für vier Portionen

4 reife Bananen

110 g Back-Kakaopulver

60 g Mandelmus

SO GEHT'S:

Gib **alle Zutaten** zusammen in den Mixer und püriere sie zu einer glatten Masse.

Mit leckeren **Toppings** genießen oder bis zum Verzehr kaltstellen.

Eine Portion enthält:

304 kcal ***Energie***

15 g ***Fett***

28 g ***Kohlenhydrate***

10 g ***Eiweiß***

5 Min.*

Wassermelonen-Erdbeer-
SLUSH

ZUTATEN
für zwei Portionen

450 g gefrorene Wassermelonenwürfel ohne Kerne

5 große Erdbeeren

Saft von einer Limette

SO GEHT'S:

***Achtung Vorbereitungszeit:** Schneide zuerst eine **Wassermelone** in kleine Würfel und friere sie für mindestens 24 Stunden ein.

Lasse deine Wassermelonenwürfel ein paar Minuten antauen und gib dann **alle Zutaten** in einen Mixer und los geht's.

(Pass' auf, dass du nicht zu lange mixt, sonst wird der Slush zu flüssig!)

Eine Portion enthält:

55 kcal ***Energie***

1 g ***Fett***

11 g ***Kohlenhydrate***

1 g ***Eiweiß***

5 Min.

Frozen **Yoghurt**

ZUTATEN

für zwei Portionen

500 g Sojajoghurt

300 g gefrorene Himbeeren

Saft von ½ bis 1 Limette

40 g Ahornsirup

SO GEHT'S:

Achtung: #BesondersKnifflig! ;)

Gib **alle Zutaten** in einen Standmixer, KURZ mixen und fertig. (alternativ klappt's auch mit einem Stabmixer)

Eine Portion enthält:

245 kcal ***Energie***

6 g ***Fett***

24 g ***Kohlenhydrate***

12 g ***Eiweiß***

5 Min.

MANGO-LASSI-
*Chia-**Pudding***

ZUTATEN
für zwei Portionen

1 große reife Mango

150 ml Kokosmilch

2 EL Chia-Samen

1 EL Kokosflocken

3 EL Sojajoghurt

SO GEHT'S:

Schäle die **Mango** und schneide sie in grobe Stücke.

Mit **allen anderen Zutaten** in den Mixer (oder in ein hohes Gefäß für den Pürierstab) geben und durchmixen, bis eine glatte Masse entsteht.

Gib deinen Pudding in ein schönes Gefäß und stelle ihn bis zum Servieren in den Kühlschrank.

Eine Portion enthält:

242 kcal ***Energie*** | 16 g ***Fett*** | 15 g ***Kohlenhydrate*** | 4 g ***Eiweiß***

5 Min.*

Blueberry-Muffin

ZUTATEN

für acht Portionen

60 g Rohrzucker

100 ml Kokosöl

200 g Dinkelmehl

½ Pck. Weinsteinbackpulver

1 Pck. Vanillezucker

80 ml Milch

150 g Heidelbeeren

2 EL Ahornsirup

SO GEHT'S:

Vermische den **Zucker**, das **Mehl**, das **Backpulver** und den **Vanillezucker** miteinander und gib dann das **Öl** und die **Reismilch** unter Rühren dazu.

Rühre die **Heidelbeeren** zu deinem Teig dazu und gib ihn in eine beliebige backofenfeste Form bzw. ein Förmchen.

Bei 160°C Heißluft 25 Minuten backen, bis die Muffins leicht braun sind.

* Zur Zubereitungszeit kommen die 25 Minuten Backzeit hinzu.

Eine Portion enthält:

244 kcal *Energie*

13 g *Fett*

28 g *Kohlenhydrate*

4 g *Eiweiß*

Autor und Selbstverleger: Philipp Nied / Wildenbruchstr. 50 / 12435 Berlin
Covergestaltung und Satz: Alexander Adams
Druck: Amazon Media EU S.à r.l., 5 Rue Plaetis, L-2338, Luxembourg
Coverfoto: Adobestock.de

Alle Angaben in diesem Buch wurden vom Autor sorgfältig recherchiert und auf den aktuellen Stand gebracht, sowie mehrfach überprüft. Für die Richtigkeit der Angaben kann jedoch keine Haftung übernommen werden. Für Hinweise und Anregungen sind wir jederzeit dankbar.

Bitte richten sie diese an:

Philipp Nied
Mail: philipp@chexma.com

Printed by Amazon Italia Logistica S.r.l.
Torrazza Piemonte (TO), Italy

10309754R00039